UN

PLAN DE CAMPAGNE

LETTRES

AUX DÉPUTÉS ET AUX JOURNALISTES DE L'OPPOSITION

à propos des Élections générales au Corps législatif

EN 1869

Par F. BONNAUD

PRIX : 1 FRANC

LYON

IMPRIMERIE DE REY ET SÉZANNE

RUE SAINT-CÔME, 2

—

1869

UN
PLAN DE CAMPAGNE

LETTRES

AUX DÉPUTÉS ET AUX JOURNALISTES DE L'OPPOSITION

à propos des Elections générales au Corps législatif

EN 1869

Comment va se comporter le peuple aux élections qui s'approchent? Cela dépend en grande partie de l'attitude que prendra, en ces circonstances, l'Opposition radicale de la Chambre et de la Presse, ou, à défaut d'elle, quelque groupe de citoyens de courageuse initiative.

Si les hommes qui sont le plus en vue dans la Démocratie adoptent un plan rationnel et le vulgarisent par les journaux et par tous les moyens possibles de publicité, il se produira dans la nation entière, pour la réalisation de ce plan, un mouvement d'ensemble d'où jaillira, malgré l'inégalité des conditions de la lutte, l'expression de la pensée universelle. Si, au contraire, on néglige de tracer une ligne de conduite générale aux électeurs démocrates, en les laissant à la merci des fluctuations les plus diverses, souvent les plus bizarres, il n'est que trop facile de prévoir les conséquences de ce défaut de lumière et de direction, alors que, dans le camp opposé, tout obéit à une tactique arrêtée d'avance.

Serait-il raisonnable de voir dans cette initiative le fait d'une oligarchie électorale? De quelque manière que l'on procède, l'initiative de quelques-uns est toujours indispensable. Mais l'initiative n'est pas la souveraineté, qui appartient sans conteste aux électeurs considérés collectivement. Laissons donc là les paroles oiseuses, les discussions inutiles. Armons-nous de bonne volonté.

Que l'on médite sérieusement les aveux échappés au Sénat, dans la séance du 5 février, de la bouche de M. le ministre d'Etat !

« S'il faut vraiment un remède, savez-vous où il faut le chercher?
« Dans l'anarchie des passions et des partis, et dans la conduite du
« gouvernement. Cette anarchie des partis m'a vivement préoccupé ; je
« lis chaque jour les discussions de journaux, et j'y vois accumulées les
« doctrines les plus confuses, les plus violentes, se contredisant l'une
« l'autre; puis, à côté, les ambitions individuelles dévorées de passions
« contradictoires, et qui se rencontrent et se déchirent quand elles
« essaient de s'unir pour attaquer le gouvernement. Eh bien! le pays
« voit cette anarchie, et il juge cette minorité qui n'a grandi ni en force
« ni en talent, et qui ne peut qu'inspirer le dédain à un gouvernement
« fort..... Soyez convaincus que les élections prochaines seront, de la
« part de ce grand pays, une consécration nouvelle d'un passé fécond
« et glorieux ! »

A de telles paroles la Démocratie ne doit répondre que

par des actes, en montrant qu'elle sait s'unir pour formuler, elle aussi , son propre jugement sur le passé, comme sa volonté pour l'avenir.

L'on peut réduire à trois les opinions qui ont été émises sur les moyens de faciliter la voie aux candidatures indépendantes, à l'encontre des candidatures officielles.

L'un des moyens indiqués consiste à combattre l'unique candidat du gouvernement dans chaque circonscription par l'influence de candidats locaux plus ou moins nombreux, auxquels cette origine particulière donnerait , suivant les partisans du procédé, assez de puissance pour empêcher le favori de l'administration de passer au premier tour de scrutin, tandis que, au second tour, les électeurs indépendants devraient concentrer leurs voix sur celui de leurs candidats qui aurait préalablement obtenu le plus de suffrages. Du reste, pas de programme politique, si ce n'est celui d'évincer, coûte que coûte, le commun adversaire.

D'après un autre avis, ce système des candidatures multiples devrait avoir pour base un programme démocratique, ou même plusieurs programmes représentant les diverses nuances de la Démocratie.

La troisième opinion se résume dans la combinaison d'un programme unique pour toute la Démocratie française, d'un candidat unique désigné dès le principe par chaque circonscription électorale, et des moyens de publicité nécessaires.

C'est cette opinion que j'ai soumise avec quelque développement à mes coreligionnaires politiques, en des lettres successivement reproduites par les journaux dans ces derniers temps, et que j'ai réunies ici pour rappeler l'attention sur un sujet dont l'importance acquiert en ce moment un caractère de pressante actualité.

F. Bonnaud.

Février.

I.

A M. Jules Favre.

—

17 Septembre 1868.

Il ne s'agit pas pour la Démocratie d'obtenir, aux prochaines élections générales pour le Corps législatif, une forte minorité. Le pays se réveille, il revendique son droit. Il le revendique avec une telle force, après tant d'années d'inaction et de silence, que ses aspirations doivent se traduire par une majorité puissante, si les hommes d'intelligence arrivent à se concerter en temps opportun pour organiser cet élan national. Entente, union, unité, tel doit être le mot d'ordre partout. Par lui nous vaincrons. Sans lui nous avons encore la défaite en perspective, et toutes les incertitudes d'un avenir laissé aux mains du caprice.

Comment établir cette union si désirable?

Voici quelle serait, à mon avis, la marche à suivre.

Comme il faut que quelqu'un prenne l'initiative, et que, pour conduire à bien une pareille tâche, il réunisse dévouement, capacité, notoriété, je voudrais voir un homme dans ces conditions se mettre résolument à la tête d'une si grande et si noble entreprise.

Pourquoi ne le tenteriez-vous pas?

Permettez à un obscur, mais dévoué citoyen, de vous dire toute sa pensée et son ardent désir à cette heure des décisions suprêmes.

Rédigez un programme ou manifeste démocratique, succinct, mais clair et accentué, où, tout en rappelant les fautes du pouvoir actuel, vous exposerez les principes de la Révolution française, et les plus importantes réformes politiques et sociales à réaliser, soit tout de suite, soit progressivement. Une courte instruction, à la suite du programme, éclairerait les citoyens sur les divers points qu'il leur importe le plus de connaître pour l'exercice de leurs droits d'électeurs.

Communiquez ensuite votre travail à un ou deux députés de vos amis. Voyez, par exemple, M. Grévy, dont la récente nomination, due à ses antécédents, est un indice des dispositions actuelles. Puis, après vous être mis d'accord sur tous les points, adressez-vous ensemble à vos autres collègues de l'Opposition démocratique sans exception, ainsi qu'à la presse radicale et libérale, au *Siècle*, à l'*Opinion nationale*, au *Temps*, à l'*Avenir national*, à la *Liberté*, aux *Débats*, à la *Tribune*, à l'*Electeur*, au *Réveil*, à la *Lanterne*, et à toutes les feuilles sympathiques des départements.

Que le programme soit adopté par députés et journalistes, et qu'il soit bien entendu que son principal objet, son objet immédiat, est de servir de point de ralliement à toutes les nuances de la Démocratie aux prochaines élections générales.

Une fois l'union établie sur ce terrain par toutes les fractions du parti démocratique, mais sans le moindre compromis avec un parti qui ne serait pas le nôtre, il serait, comme suite, fondé à Paris une agence dont la mission serait ainsi définie :

1° *Avant la période électorale*, publier, au moyen d'une feuille à cinq ou dix centimes, le programme démocratique, avec mention de tous les députés et de tous les journaux adhérents.

2° *Pendant la période électorale*, au fur et à mesure que les candidats *ayant accepté le programme sans restriction* seraient désignés à l'agence centrale, soit par les comités locaux, soit, à défaut de ceux-ci, par un certain nombre de démocrates, publier les noms de ces candidats en un tableau disposé par ordre alphabétique de départements et de circonscriptions sur ladite feuille du programme, qui dès lors deviendrait pour ainsi dire un écrit périodique quotidien, quoique chaque numéro ne fût modifié que par les noms des candidats venant successivement prendre leurs places au tableau.

Cette feuille serait tirée à un nombre considérable d'exemplaires, répandue à profusion partout, surtout dans les campagnes, et soutenue au besoin par souscription publique.

En dehors de cette combinaison, conforme à l'esprit populaire et jugée indispensable pour le succès général, toute candidature, quelle qu'elle fût, serait considérée comme étrangère à la Démocratie, en vertu de cette devise, vraie surtout dans les cas décisifs : « Qui n'est pas pour moi, est contre moi. »

Alors, plus de malentendus, plus de tiraillements entre les divers organes du progrès, auxquels la nécessité de l'union imposerait le devoir de suspendre d'inopportunes discussions. Le programme *unique*, contenant ce qu'un journal de Lyon, le *Progrès*, appelle le minimum, mais assez large pour répondre aux plus pressantes aspirations des masses et exciter leur salutaire enthousiasme, voilà le principe. Les comités adhérents, exigeant unanimement cette profession de foi de ceux qui brigueraient le suffrage du peuple, et désignant parmi ceux-ci les hommes dont le passé répondrait le mieux pour l'avenir, voilà l'application. Ce serait, comme on dit, à prendre ou à laisser. Il y a un corps électoral, c'est à nous de créer, par l'union, l'âme électorale, et de substituer aux recommandations individuelles, si importantes qu'elles soient d'ailleurs, l'adhésion spontanée des intéressés.

Malgré les entraves de toutes sortes aujourd'hui opposées

à l'action de tout ce qui n'est pas *officiel*, la Démocratie française peut espérer, vu le réveil de l'opinion publique, un triomphe complet aux élections générales, si les hommes d'initiative de ce parti, *qui est de beaucoup le plus nombreux*, en savent diriger le mouvement dans un esprit fraternel, par des mesures d'organisation et d'ordre, capables de fortifier de plus en plus notre union, surtout en face des calomnies de tous les partis rétrogrades.

Dans le mécanisme ci-dessus indiqué, où est le plus grand obstacle ? Dans la difficulté d'instituer en l'état actuel des comités libres de leur action. Eh bien ! chaque fois que la force interviendrait pour paralyser ou dissoudre une réunion électorale, soit publique, soit privée, mais conforme à la loi, et qu'on ne voudrait pas répondre soi-même par la force, ne pourrait-on pas recourir sans retard au procédé suivant :

Un certain nombre de démocrates influents, dix, par exemple, se concertent et désignent publiquement dans leur localité le domicile de l'un d'entre eux, pour y recevoir, dans un court délai dont on fixerait les limites, les adhésions individuelles de tous les électeurs désireux de concourir au choix des candidatures qui se seraient produites d'après l'esprit du programme général. Ces adhésions seraient con-signées sur des feuilles dont chacune porterait en tête le nom d'un candidat. L'opération terminée, on réunirait les diverses listes de la circonscription pour en faire le dénombrement. Le nom qui aurait obtenu le plus de ces suffrages prélimi-naires serait seul considéré comme définitif.

Assurément, ce moyen serait loin d'avoir les avantages d'une réunion. On comprend toutefois qu'en l'absence d'une liberté convenable, la Démocratie se rabatte, au besoin, sur des ressources qu'en d'autres temps elle devrait dédaigner.

Mais avant tout, au moyen du manifeste proposé, faites

nationale et dans la presse. Dites résolument que ce manifeste commun est notre drapeau, notre seul drapeau, et l'enthousiasme qui naîtra de votre exemple suscitera les moyens pratiques les plus propres à faire prévaloir les droits du pays. Hâtons-nous, il y a urgence. Et surtout, que notre unanimité fasse explosion avant la guerre qui menace l'Europe, si cette guerre doit avoir lieu. Dans tous les cas, les peuples seront fixés sur le véritable état des esprits en France, en vue de l'avenir.

Il faut, comme disait un ancien, que tout citoyen porte sur son front ce qu'il pense de la chose publique.

C'est surtout en considération de la gravité de la situation actuelle que je crois devoir me conformer à cette maxime, et que je vous soumets, Monsieur, mes idées, mes vœux, en vous suppliant de prendre l'initiative de concert avec ceux de nos amis politiques les plus capables et les plus connus, si vous jugez, comme c'est mon avis, qu'il est indispensable de concentrer toutes les forces vives de la Démocratie française pour la conduire à la victoire.

II.

Aux Députés et aux Journalistes démocrates.

—

21 Octobre 1868.

La question des élections générales doit préoccuper, dès à présent, tout esprit soucieux de l'intérèt public, et je m'adresse à vous, je m'adresse aux députés et aux journalistes démocrates, pour provoquer une entente au sujet des mesures à prendre en cette grave circonstance.

Dans une lettre à M. Jules Favre, publiée par le *Progrès*, de Lyon, du **21** septembre dernier, j'expose le plan qui me paraît le plus propre à assurer le succès général de la Démocratie, et j'engage cet éminent citoyen à prendre en temps opportun, d'accord avec ses amis politiques du Corps législatif et de la presse, l'initiative pour la réalisation de ce plan, dont l'idée première consiste dans l'union des diverses nuances de l'opposition radicale, au moyen d'un programme arrêté de concert.

Si cette œuvre d'organisation vous paraît utile, permettez-moi de vous dire que j'estime que votre active coopération lui est due.

Le programme, ou manifeste, indiquerait comme son principal but le ralliement de toutes les forces de la Démocratie en vue des prochaines élections générales au Corps législatif. Rédigé dans un esprit conciliant et ferme tout à la fois, il contiendrait, avec un exposé de principes, l'énumération des réformes que l'opinion publique réclame partout. Le peuple, n'en doutons pas, l'adopterait avec empressement comme mot d'ordre, le répandrait à profusion, surtout dans les campagnes, et en exigerait absolument l'acceptation par les candidats du parti, qui en feraient ainsi leur commune profession de foi.

Car il faut toujours savoir sur quel terrain l'on marche.

Parmi les candidats adhérents, celui qui, dans chaque circonscription, serait jugé le plus digne, serait seul désigné aux suffrages de ses concitoyens; les électeurs arriveraient ainsi — dès le premier tour de scrutin, point très-important, — à l'*unité* d'action, après avoir usé de la *liberté* de délibération.

En présence de la *discipline* officielle, l'*organisation* démocratique.

Qu'on se pénètre bien de l'idée que c'est le seul moyen d'obtenir le succès

L'acceptation du programme, comme symbole unique, par les comités locaux et par les candidats, simplifierait considérablement le but, concentrerait l'attention du corps électoral tout entier, et, avec l'esprit public en éveil, déterminerait une admirable activité d'ensemble.

Les conditions essentielles de la réussite se résument donc dans ces deux mots :

SIMPLIFIER,

CONCENTRER.

Telle est en substance ma proposition.

M. Jules Favre m'a répondu sans retard :

« Monsieur,

« Je reconnais avec vous qu'il faut tenter un grand effort pour rallier les forces de la Démocratie. Seulement, les campagnes sont encore trop tremblantes devant l'autorité pour qu'on puisse espérer d'elles un vote indépendant. Ce qui n'est pas une raison de s'arrêter, loin de là. Mais votre bienveillance me fait un rôle que je ne puis accepter. Je suis l'un des combattants, et rien de plus. A la rentrée, je m'efforcerai, avec mes amis, d'arriver au but indiqué par vous, qui est le mien. Je mettrai à profit les idées très-justes que vous voulez bien me soumettre.

« Agréez, etc.

« JULES FAVRE.

« Ce 22 septembre 1868. »

L'important est donc d'agir sur les campagnes, en les éclairant au plus tôt sur leurs véritables intérêts, en excitant leur enthousiasme par le tableau des améliorations que la Démocratie seule peut réaliser, et qu'elle réaliserait, en effet, si la majorité lui était favorable dans les élections.

Il n'y a pas un moment à perdre. Il faut dès maintenant jeter sur le tapis la question de la pratique électorale. La Chambre va, dit-on, se réunir sous peu. Il faut qu'à leur arrivée à Paris, les députés radicaux se concertent dans ce but, soit entre eux, soit avec les journaux sur lesquels ils pourront compter.

De la conciliation, c'est essentiel ; mais en s'appuyant toujours sur les principes. Hors de là, ce ne serait pas conciliation, mais coalition, chose peu morale, et, dans le présent cas, impolitique au plus haut degré. La Démocratie comprend le droit de tous ; elle le fera prévaloir quand elle le voudra, et de la manière la plus complète, le jour où elle saura s'unir avec énergie sous son véritable drapeau.

Il me paraît que la combinaison ci-dessus, n'excluant aucune fraction du parti populaire, a des chances de recevoir l'assentiment et l'appui des feuilles suivantes : le *Siècle*, l'*Opinion nationale*, le *Temps*, l'*Avenir national*, la *Liberté*, les *Débats*, le *Charivari*, la *Tribune*, l'*Electeur*, le *Réveil*, la *Revue politique*, la *Démocratie*, la *Réforme*, la *Cloche*.

J'ajoute, cela va sans dire, les feuilles démocratiques et vraiment libérales des départements, ainsi que la *Lanterne*, si elle paraît en France.

III.

A M. Carnot.

—

1er Janvier 1869.

L'on a diversement apprécié ma manière de voir relative à la ligne de conduite à suivre par le parti démocratique aux élections nationales de 1869. J'ai reçu les avis de plusieurs députés, recueilli ceux de quelques journaux, et, tout considéré, je me fortifie de plus en plus dans l'idée que l'union, fondée sur les principes et sur un ensemble de mesures simples et convenablement entendues, peut seule nous rendre maîtres du terrain électoral.

Vous pensez vous-même qu'un programme auquel se rallierait toute l'opposition serait très-utile, et si l'œuvre est difficile, vous ne la croyez pas impossible, vu que, sur le plus grand nombre de questions, et sur les principales, l'opposition radicale serait certainement unanime.

Ceci posé, il faut vouloir les conséquences ; et c'est parce que vous me paraissez, Monsieur, des mieux disposés à entrer dans la voie qu'ouvrirait à l'action démocratique cette entente préalable, que je m'encourage à vous entretenir encore de ce sujet, en en complétant l'explication par l'examen critique des réflexions auxquelles il a donné lieu.

D'abord, il ne me semble pas bien difficile que les 15 ou 20 députés de l'opposition démocratique, s'adjoignant le même nombre environ de journalistes de ce parti, se réunissent en assemblée privée pour délibérer, ou sur un projet de manifeste préparé à l'avance, ou sur la nomination d'une commission qui aurait à élaborer le projet, à soumettre ensuite sous bref délai aux délibérations de ladite assemblée. Il s'agit moins, suivant moi, d'une proclamation de principes proprement dite, que de l'énumération des réformes populaires le plus immédiatement applicables, avec explication du procédé électoral destiné à favoriser le prochain avénement de ces réformes.

Il est impossible que les notabilités de la Démocratie, avec les dispositions de bonne volonté qui doivent dominer en une entreprise de cette nature, n'arrivent à formuler rapidement les vœux que des indices non équivoques témoignent être ceux de la majorité de la nation.

Circonscrire le programme aux questions sur lesquelles l'accord est généralement connu, — ce sont d'ailleurs les plus importantes ; — écarter les questions trop secondaires, et celles qui, quoique justes peut-être, sont généralement considérées comme prématurées, telle me paraît être la règle fondamentale à suivre.

Je ne sais, Monsieur, si je dois prendre sur moi de donner à cet égard quelques indications ; cependant, s'il est permis à chacun d'exposer ses propres vues sur ce point, voici ce qui me semble résumer à peu près notre *desideratum*.

Plus d'armée permanente, principalement destinée pour l'attaque, et exigeant un énorme budget. — Milice nationale, la meilleure des armées pour la défense éventuelle du pays, possible avec économie, compatible avec le progrès.

Rome aux Romains.

Nomination des maires par les communes ; nomination des présidents des Conseils généraux et des présidents des Conseils d'arrondissement par ces assemblées elles-mêmes. Vote au chef-lieu de canton pour l'élection des députés. Nomination, par le Corps législatif, de son propre président.

Instruction primaire gratuite et obligatoire, dégagée de toute participation cléricale.

Pas de budget des cultes.

Droit de réunion, droit d'association, sans restrictions abusives.

Liberté de la presse, sans cautionnement ni timbre. Le jury pour les délits de presse.

Simplification des codes et des procédures; diminution des frais de justice; application du jury aux affaires civiles.

Abolition de la peine de mort.

Réduction des budgets par la simplification de l'administration; réduction des gros traitements et des dotations; suppression des cumuls et des priviléges.

Plus de contributions indirectes, plus d'octrois, plus de péages de ponts, plus d'impôt sur le sel.

Remplacement de ces impôts par lès ressources des assurances universelles et du crédit organisés au profit de tous.

Encouragements aux travaux de l'agriculture, source première de toute industrie et de tout commerce.

Abolition progressive du système des douanes, rendue possible par suite de l'application des réformes économiques intérieures.

M'objecter qu'un programme est rarement consulté au moment des élections, ou bien, comme me l'écrit un journaliste, qu'un programme, s'il n'entre pas dans les villages, est un coup d'épée dans l'eau, ce n'est pas contredire ma proposition, c'est la confirmer. Il est clair que si l'on se contentait de présenter un programme sans rien faire de positif pour en assurer la réalisation, ce serait peu de chose, surtout en présence des obstacles nombreux que nous avons à vaincre, et dont la calomnie forme l'avant-garde.

N'isolons donc pas le manifeste du système d'action dont il fait partie.

Remarquez bien ceci, je vous prie.

Les quatre conditions principales, savoir :

1° Le manifeste ou programme, comme profession de foi générale et comme point de ralliement de la Démocratie française ;

2° L'agence centrale pour le publier, d'abord seul, ensuite — pendant la période électorale — avec addition du tableau synoptique des candidats adhérents admis ;

3° L'action de tous les hommes libres et influents pour le propager partout, par les moyens légaux de l'affichage et de la distribution ;

4° L'acceptation obligatoire du programme par les candidats, et la désignation d'un seul de ceux-ci comme candidat définitif par chaque circonscription ;

Tout cela forme un ensemble dont il ne faut pas séparer les éléments, autant d'agents qui doivent, au contraire, fonctionner de concert pour conduire au but poursuivi.

Un de vos collègues, Monsieur, qui, comme vous, aspire vivement à contribuer à l'union, me dit :

« Votre lettre, reçue hier, m'exprime des sentiments justes, que je
« partage. Aussitôt le Corps législatif rassemblé, les idées que vous si-
« gnalez seront un des sujets les plus essentiels que nous aurons à
« étudier, car l'éparpillement des forces de la Démocratie serait non-
« seulement un malheur, mais une faute irréparable. Comme vous, je
« suis partisan de la conciliation ; comme vous, je ne la crois bonne,
« morale, utile, que lorsqu'elle se fait dans les limites que vous indi-
« quez, et appuyée sur les principes démocratiques. Différemment, ce
« serait un gâchis et une fausseté. »

Un autre député s'exprime dans le même sens :

« Vous prêchez un converti, Monsieur ; comme vous, je crois qu'il
« faut dès à présent se préparer aux élections générales, et, comme
« vous, je pense qu'une entente est nécessaire entre tous les hommes
« d'opposition qui veulent la liberté, et par elle un gouvernement

« digne de notre pays. Oui, il faut rallier toutes les forces de la Démo-
« cratie ; mais j'ajoute que, dans l'intérêt de la lutte qui va s'ouvrir,
« il faut bien se garder de donner à ce mot un sens trop restreint et
« trop exclusif.... Je ne refuse pas, quand il s'agit de combattre et
« de vaincre, de m'allier à des hommes qui, sans être aussi avancés que
« moi, n'en sont pas moins dévoués aux libertés publiques. C'est donc
« dans cet esprit que je comprends l'entente dont vous parlez, et que
« je m'associerai, de toutes mes forces, au programme qui serait assez
« énergique pour répandre et faire adopter ces idées, surtout dans les
« campagnes.

« Je voudrais plus : je voudrais que les hommes intelligents de ces
« campagnes comprissent qu'ils ont des devoirs à remplir, qu'ils mé-
« connaissent d'une façon déplorable. En effet, par insouciance, pa-
« resse ou découragement, ils restent chez eux, au lieu d'exercer sur
« leur entourage l'influence que leur donnent l'esprit et l'éducation.
« Là est le grand mal, et le programme devra toucher ce côté avec
« vigueur.... Au reste, je vous promets de ne pas rester inactif, si
« l'opposition entre dans la voie très-désirable que vous conseillez. »

Je ne conseille pas, je propose, heureux si mes vues peu-
vent être partagées du grand nombre, plus heureux encore
si d'autres moyens prévalent qui seraient mieux appropriés
à l'accomplissement de l'œuvre. Voilà, toutefois, une chaleu-
reuse adhésion à l'idée-mère du projet.

Mais, je le répète, le principe posé, il faut admettre les
conséquences. Deux observations sont présentées dans la
lettre que je viens de citer : d'abord, qu'il ne faut pas donner
au mot Démocratie un sens trop restreint, trop exclusif ;
ensuite, qu'il convient de stimuler principalement, parmi les
électeurs, les hommes intelligents des campagnes.

Ce que j'ai dit plus haut sur la règle à suivre dans la
confection de l'exposé de principes, répond à la première
observation. Je dis, au surplus, que sans être exclusif, dans
le sens fâcheux du mot, l'on peut bien demander que qui-
conque veut servir la Démocratie soit au moins démocrate
et se déclare tel. En outre, je suis d'avis que les députés de

l'opposition actuelle, qui sont comme une force établie, sollicitent au plus tôt les nouveaux suffrages, et donnent ainsi la première impulsion. Mais il ne s'agit pas ici de mon avis. C'est à la réunion appelée à délibérer le programme qu'il appartient d'en fixer l'esprit, d'en déterminer les limites, j'entends comme *minimum*, et d'exiger de tous ses membres, cela va de soi, l'engagement réciproque de subordonner tout avis particulier à ce qui sera décidé d'un consentement général.

En ce qui concerne le reproche adressé au défaut d'initiative de ceux qui, au sein des campagnes, pourraient exercer une heureuse influence, et sont restés cependant inactifs jusqu'à ce jour sous le régime électoral actuel, il faut, suivant moi, distinguer.

L'abstention peut avoir deux motifs : ou l'indifférence, fatale en politique comme en toute affaire importante ; ou le principe que j'expliquerai par cette maxime : « *Voter librement ou s'abstenir dignement.* »

Or, il est telles circonstances, qu'il est inutile d'indiquer ici parce que chacun les devine, de nature à déterminer l'abstention chez les citoyens qui, considérant l'exercice du vote universel, manifestation de la volonté populaire, comme un acte collectif et solidaire, veulent décliner toute solidarité dans cet acte, quand il s'accomplit dans des conditions contraires à son essence même. Question d'appréciation, dont chacun reste juge.

Mais, en politique, l'abstention, comme l'action, veut être concertée, organisée, et le désarroi dans lequel les événements avaient jeté les esprits en ces dernières années, n'a permis, ni à l'abstention de prendre assez de force pour se caractériser et devenir une puissance, ni à l'élection de se mouvoir assez libre pour donner la véritable expression de la souveraineté nationale.

Est-il possible, aujourd'hui que tous les yeux s'ouvrent à la lumière, de faire cesser cette contradiction, d'ailleurs plus apparente que profonde, et d'imprimer à l'esprit public une tendance unitaire, en suppléant par l'enthousiasme, par l'entrain, à ce qui nous manque de liberté ? Qu'on le veuille énergiquement, avec ensemble, et la question est résolue.

Dans nos rangs, Monsieur, tout citoyen a le droit de dire aux députés du parti :

« Chacun de vous, quoique élu seulement par une fraction
« du peuple, représente la France entière, et vous nous
« devez l'exemple de l'union ; vous le devez surtout en ce
« moment où le pays va être appelé à élire ses mandataires,
« à se prononcer ainsi sur ses plus graves intérêts. Pour
« que cette union ne soit pas un vain mot, donnez un corps
« à son objet, en ralliant pour les élections toutes les
« forces éparses du peuple. Les éléments, les démocrates,
« ne manquent pas ; ce qui manque, c'est la démocratie, c'est-
« à-dire l'organisation. La tâche vous est, sous tous les
« rapports, infiniment plus facile qu'aux autres citoyens, et,
« malgré tous les obstacles, vous vaincrez, ou plutôt nous
« vaincrons, car, sous l'influence de votre union, comme à
« la lueur du flambeau qui éclairera les masses, l'opinion
« publique se manifestera dans sa toute-puissance »

Oui, voilà la voie tracée.

Paysans, ouvriers, industriels, négociants, savants, artistes, rentiers même, tout le monde a intérêt à sortir de l'état de malaise et d'incertitude dans lequel nous sommes plongés, à interroger sincèrement la conscience et la volonté du pays.

« Solidarisons nos efforts et nos espérances, s'écriait dernièrement
« M. Ernest Picard, et la victoire ne nous échappera pas. Le spectacle
« de 89, à cet égard, est utile à considérer. Pas de disputes et de
« vaines subtilités ; pas d'école buissonnière de la politique. Enthousiasme
« et union ! »

Bravo ! Mais il n'y a que la fédération de députés et de journalistes que je mets en avant, qui puisse convenablement prendre l'initiative pour produire un pareil résultat et l'universaliser.

Du reste, préparons le terrain partout. Que toutes les circonscriptions électorales des 89 départements, sans exception, suscitent dès à présent des candidatures démocratiques pour les avoir en perspective avant l'ouverture de la période électorale. Une fois qu'il s'en sera produit un certain nombre, l'émulation en fera naître sur tous les points, et, le moment venu, il n'y aura qu'à procéder à un rapide triage, là où ce travail sera nécessaire, pour établir sur toute la surface de la France, au moyen de cette solidarité générale, l'unité d'élan.

Que je mentionne à ce sujet les observations parvenues à ma connaissance, et que je recueille dans le *Temps*, l'*Opinion nationale* et la *France*.

« Nous ne sommes de l'avis de notre correspondant qu'en un point, « dit le *Temps* : c'est que la question des élections devient instante, et « qu'il est urgent de s'en occuper. C'est pour cela que nous voulons « saisir le propos de cette lettre pour exposer de nouveau notre « théorie et notre pratique. »

Et ce journal indique, en effet, ses propres idées sur le procédé à employer pour remporter la victoire électorale, idées qui se résument dans les citations suivantes :

« Quand, comment cette victoire sera-t-elle remportée ? Elle le sera « par l'accord général ; elle le sera le jour où le suffrage universel ne « poursuivra qu'elle, où tous les partis, toutes les opinions qu'ils renfer- « ment s'entendront pour ne viser que cet unique résultat. Cet accord « est-il possible ? Oui. Est-il légitime ? Incontestablement, puisque le « but proposé est d'intérêt général, puisqu'il importe à tous et à chacun, « puisque tous les partis ont droit de revendiquer, dans la gestion « publique, une influence proportionnée à leur force, et puisque l'in-

« qui est de se faire lui-même ses destinées, comme il convient à une
« nation majeure. Cela étant posé, la vraie théorie des élections se
« déduit naturellement. Elle n'est pas de principe, elle est toute de
« circonstance, parce qu'elle procède d'une situation donnée, qu'il s'agit
« avant tout de réformer. »

Expliquons-nous. Je demande l'union, en un seul faisceau, des diverses fractions de la Démocratie, c'est-à-dire d'éléments ayant une origine commune et conciliables entre eux, soit au point de vue des principes, soit, conséquemment, au point de vue des personnes qui les représentent. Il ne s'agit pas ici, à proprement parler, d'un parti; il s'agit de la masse du peuple, qui ne veut pas de priviléges, mais qui réclame pour tous, sans restriction, des droits et des devoirs égaux. Si donc l'on conserve cette appellation de parti pour la Démocratie, expression du droit universel, c'est seulement en opposition aux partis qui, par l'essence de leurs doctrines comme par la politique, comportent, malgré certaines apparences qui ne sont qu'un leurre, le privilége, en dehors de notre propre terrain, qui comprend, je le répète, le droit et le devoir de tous. En un mot, ce que je crois *réalisable*, ou, si l'on veut, digne d'être réalisé, c'est, contrairement à l'avis du journal en question, ce qui est conforme aux principes, et non l'union de partis adverses, qui ne serait, suivant l'expression de ce député que j'ai cité tout à l'heure, que du gâchis.

« En thèse générale, continue le *Temps*, il faut plusieurs candidats,
« autant de candidats que possible, luttant chacun pour soi au premier
« tour, et réunissant au second tour leurs efforts et leur influence pour
« faire triompher celui d'entre eux qui aura eu le plus de voix, et que
« la majorité des électeurs indépendants aura ainsi désigné.... Mais,
« dira-t-on peut-être, pourquoi deux tours de scrutin? Pourquoi les
« mêmes citoyens ne s'entendraient-ils pas dès avant le premier tour?
« Nous répondrons que ce ne serait pas du tout la même chose, et que
« ce serait même difficilement possible. On ne saurait ni qui doit se

« porter, ni qui doit s'effacer. Le suffrage universel est le seul arbitre
« légitime des prétentions rivales... La théorie que nous exposons a
« cela de particulier qu'elle ne peut exclure aucun parti. Elle ne consi-
« dère ni les hommes, ni les opinions : elle combat uniquement un
« système ; elle est fondée sur ce principe que le même homme sera
« tout autre, s'il a la conscience de ne relever que de lui-même et de
« ses électeurs, que s'il doit son élection au gouvernement et à ses
« agents.... On voit que notre manière de voir est à peu près aux
« antipodes de celle de notre honorable correspondant. Nous ne com-
« prenons pas d'autre programme commun, nous n'en voyons de pos-
« sible et de pratique que la destruction de la candidature officielle...»

Je résume en une seule les diverses objections que j'aurais
à présenter contre cette théorie électorale ; cette théorie, elle
le dit elle-même, *ne considère ni les hommes ni les opinions!*

J'espère cependant que s'il y a un manifeste démocratique,
M. Nefftzer ne restera indifférent, ni pour les hommes qui
l'auront délibéré, et parmi lesquels il figurera sans doute, ni
pour les opinions qui y seront émises, et qu'il appuiera
de toute son influence.

L'*Opinion nationale* fait suivre l'exposé de mon projet des
appréciations que voici :

« Cette lettre nous paraît mériter, à plus d'un titre, l'attention de nos
« lecteurs. D'abord, elle témoigne du vif intérêt qui s'attache, dès à
« présent, en province, au futur résultat des prochaines élections géné-
« rales. Ensuite, les idées qui s'y trouvent développées nous semblent
« offrir un caractère pratique, un sentiment exact des conditions du
« suffrage universel qui manquent trop souvent aux combinaisons du
« même genre.
« Il est évident qu'un candidat officiel, fût-il en bois de santal, comme
« le dieu indien du *Premier jour de bonheur*, trouve, dans la concentra-
« tion des forces administratives, un moyen presque infaillible de
« triompher d'adversaires désunis, éparpillés. Par conséquent, on ne
« peut nier que toutes les nuances du parti *vraiment* libéral ne doivent
« s'unir contre le chambellan de l'Empereur, destiné à contrôler la
« conduite et les dépenses du maître qui le paie, et qui, à la première

« velléité d'indépendance, pourrait parfaitement lui retirer sa charge,
« son seul titre au mandat législatif.

« Mais, à quels signes reconnaître les loups déguisés en brebis , les
« pseudo-libéraux, les faux démocrates, si ce n'est en subordonnant
« leur élection à l'acceptation d'un programme bien défini, qui mettrait
« obstacle à toute coalition purement négative ou temporaire, et qui,
« pourtant, serait assez large pour embrasser toutes les nuances d'un
« même sentiment ? On s'unirait ainsi sur le terrain des idées, non sur
« celui des personnalités. On n'aurait plus à se préoccuper des antécé-
« dents ou des attaches présumées de tel ou tel candidat, mais seule-
« ment de son adhésion, complète ou restreinte, à tel ou tel ensemble
« de réformes. De plus, il serait possible et désirable d'introduire dans
« le programme électoral des questions concrètes dont le sens serait
« parfaitement clair pour tout le monde, et n'exigerait pas une culture
« politique raffinée.

« Jusque-là nous sommes parfaitement d'accord avec M. Bonnaud.
« Mais lorsqu'il veut un programme , un symbole *unique* ; lorsqu'il
« demande aux électeurs libéraux et démocrates une entente complète
« dès le premier tour de scrutin, nous ne croyons pouvoir le suivre sur
« ce terrain, qui nous paraît être celui des impossibilités. Il faut, au
« contraire, suivant nous du moins, que toutes les fractions de l'opinion
« publique soient admises à se manifester au premier tour de scrutin,
« sauf à se concentrer au second tour sur le candidat, ou plutôt sur le
« programme le plus voisin de leurs nuances respectives.

« Dans la confection et le développement de ces divers programmes,
« nous verrions un moyen précieux d'éclairer les masses sur les questions
« politiques, en même temps que de faire connaître au pouvoir et à la
« majorité les vœux des différentes minorités qui, dans l'état actuel des
« choses, ne sont point représentées dans le mécanisme politique. De
« plus, la nécessité de s'entendre avec les électeurs, de bien connaître
« les questions spéciales intéressant particulièrement chaque groupe,
« ne donnerait accès qu'aux candidats de la localité, ou du moins à
« ceux qui, longtemps à l'avance, auraient pris soin de se mettre en
« rapport avec les populations. Nous reviendrons sur ce sujet. »

Je dois relever ceci :

« On n'aurait plus à se préoccuper des antécédents ou des attaches
« présumées de tel ou tel candidat, mais seulement de son adhésion,
« complète ou restreinte, à tel ou tel ensemble de réformes. »

Que le rédacteur de l'*Opinion nationale* me permette de le lui dire, ce passage me démontre qu'il a mal lu ceux où j'émets l'avis, d'un côté, que le programme doit être préalablement accepté *sans restriction* par les candidats, et, de l'autre côté, que les comités adhérents, d'ailleurs parfaitement libres, désigneraient parmi les candidats *ceux dont le passé serait un garant pour l'avenir.*

Il est évident, en effet, qu'on ne peut admettre que chaque postulant restreigne à son gré le cadre d'un manifeste présenté déjà comme *minimum*, ni que les électeurs consentent à désigner pour leur mandataire un homme dont l'apparente adhésion serait contraire à ses opinions connues.

Un seul symbole pour un même parti, voilà qui paraît surprendre. Est-il possible qu'on oublie à ce point cette vérité élémentaire : *l'union fait la force!* Il n'y a pas de milieu : l'entente c'est la fraternité, c'est l'esprit de solidarité, l'impulsion, l'émulation, l'enthousiasme, le succès ; le défaut d'entente, c'est l'isolement, l'éparpillement, les tiraillements, l'anarchie, l'impuissance.

A l'égard de la pluralité des candidatures, elle me paraît un obstacle plutôt qu'un avantage, et l'esprit dans lequel ceci est écrit, me dispense de toute explication sur ce point, au sujet duquel M. Jules Simon disait, il y a quelques mois : « Je voudrais qu'au premier tour de scrutin, la Démocratie « s'affirmât partout en présentant un candidat radical. »

L'*Opinion nationale*, du reste, ne peut s'empêcher de le reconnaître : il n'y a que notre union qui puisse triompher du candidat officiel, même, je le suppose, quand il ne serait pas en bois de santal.

Sous ce titre : UN PLAN DE CAMPAGNE, la *France*, une feuille gouvernementale, intervient dans le débat, quoiqu'elle le dise d'un caractère tout intime.

« Les *idées très-justes* soumises à M. Jules Favre, dit ce journal, se

« résument dans l'*organisation démocratique* opposée à la *discipline*
« *officielle*, et dans l'*unité d'action*, se produisant en faveur du candidat
« qui, après mûre délibération, serait reconnu le plus digne et le plus
« populaire. De cette façon, dès le premier tour de scrutin, l'opposition
« rallierait et concentrerait toutes ses forces. Mais, ajoute le corres-
« pondant de M. Jules Favre, *l'important est d'agir sur les campagnes...*

« Il est possible que le parti démocratique reste divisé. Mais il s'a-
« gite, il étudie, il cherche à étendre le cercle de son action... *Il faut*
« *tenter un grand effort*, s'écrie le tribun de la gauche. Ne nous faisons
« aucune illusion, cet effort sera tenté. Qu'il n'aboutisse point et qu'il
« se brise contre le patriotisme des campagnes, nous le croyons et nous
« l'espérons. Mais nous sommes avertis, le parti démocratique travaille,
« il combine ses plans stratégiques, il s'organise, il ne veut arriver à la
« grande lutte que préparé, discipliné, centralisé.

« Tournons maintenant nos regards d'un autre côté : que font pen-
« dant ce temps les conservateurs ? Comment se servent-ils des franchises
« nouvelles ? Quel contre-poids apportent-ils à toutes ces manifestations
« qui voudraient suppléer, par l'habileté ou par l'audace, à ce qui leur
« manque sous le rapport du nombre et du sentiment vrai de l'opinion ?
« Il ne suffit pas de dire, ni même de démontrer que les coalitions élec-
« torales sont toujours funestes, qu'elles portent atteinte à la dignité de
« nos mœurs publiques... Tout cela est évident, tout cela c'est de la
« raison et du bon sens...

« Les conservateurs libéraux ne se sont jamais trouvés dans une
« situation meilleure pour remplir la mission qui leur appartient. Seu-
« lement, il y a une chose qu'ils ne doivent pas oublier, et qui, du
« reste, leur est rappelée à chaque instant par leurs adversaires : c'est
« que, pour l'homme politique encore plus que pour l'orateur, la pre-
« mière des qualités est l'action, la seconde encore l'action, et la troi-
« sième toujours l'action. »

Voilà le raisonnement de la feuille sénatoriale. C'est au
profit du parti dit conservateur qu'elle en tire la conclusion ;
à nous de la tirer au profit du nôtre. Seulement, je dis que
si, en général, la première qualité de l'homme politique est
l'action, c'est, pour la Démocratie, l'action concertée, la
discipline des hommes libres contre la discipline des hommes
liges.

Puisque les circonstances ont amené un état de choses tel que les élections, au lieu d'avoir le caractère régulier d'un concours, ont forcément le caractère d'une lutte, n'acceptons au moins la lutte sur ce terrain qu'après nous y être préparés. Nous devons, nous pouvons le faire avec sagesse, modération, dignité, avec autant de tête que de cœur, sans haine comme sans crainte.

Fils de la grande Révolution, pourquoi ne saurions-nous pas, après quatre-vingts ans de vicissitudes, organiser l'œuvre pacifique de l'élection, comme nos pères savaient, dans les armées comme partout, organiser la victoire?

Ce qui précède était écrit, lorsque j'ai reçu ce matin l'*Ordre du jour* pour les prochaines élections, proposé par M. Eugène Delattre, avocat à la Cour de Paris. Et comme il est bon de signaler les diverses opinions sur ce sujet, afin que leur examen puisse amener une comparaison propre à éclairer les esprits et à faciliter l'entente générale, j'ajoute encore, Monsieur, quelques mots à cette lettre.

Il paraîtrait que quelques-uns avaient songé à la formation d'un comité central, dirigeant les élections de toute la France libérale.

« Cette réunion spontanée, dit M. Delattre, eùt commis une sorte
« d'usurpation d'autorité, une façon de coup d'Etat ; coup d'Etat toute-
« fois, purement moral, sans autres agents que les souvenirs des services
« rendus, du désintéressement et du talent. — La justice doit au génie
« admiration et reconnaissance, mais elle ne peut lui constituer un
« privilége dictatorial. Passons donc sur ce système et travaillons à nous
« entendre sur un plan nettement arrêté, sous peine de tirer sur nos
« propres troupes et de nous dévorer nous-mêmes. »

Je ne m'arrête pas au projet ainsi apprécié par M. Delattre, et dont j'ignore d'ailleurs l'origine.

M. Delattre part de cette idée, partagée par un certain nombre de personnes : *La multiplicité des candidatures au premier tour de scrutin*, expliquant que plus il y aura de candidats personnellement connus dans la localité, moins le candidat préfectoral aura de chance de passer, et qu'au second tour, rendu, suivant lui, inévitable par ce procédé, les candidats opposants, faisant fonction de comité électoral, désigneraient le candidat définitif.

Je reconnais que si l'application de ce système avait pour effet de diminuer la chance du candidat officiel au point d'en empêcher la nomination au premier tour, il ne faudrait pas hésiter à l'employer, puisqu'il aurait, en outre, l'avantage d'indiquer sans trop de difficultés les tendances de l'opinion quant au candidat sur lequel devraient ensuite se concentrer exclusivement toutes les forces de la Démocratie. Mais je crains qu'au lieu d'affaiblir les chances de l'homme du gouvernement, cet éparpillement de nos forces ne détourne pas de lui une seule voix, et qu'au contraire, le parti du progrès en soit amoindri de façon à laisser la majorité légale à son adversaire, qui trouverait dès lors que le premier tour est un tour bien joué pour lui.

Je me trompe peut-être dans cette supposition, et je le désire. Du reste, que l'un de ces procédés, — candidature unique, pluralité des candidatures, — soit généralement adopté, ou qu'il soit entendu qu'on usera de l'un ou de l'autre suivant les convenances particulières, toujours est-il qu'il convient de tout subordonner à une règle supérieure, l'adoption d'un symbole bien formulé, d'un projet de réformes bien définies. Le peuple, a-t-on dit, veut toujours le bien ; mais il ne le voit pas toujours. Qu'on lui montre donc, par un exposé simple et clair, ce qui n'est encore chez lui qu'à l'état de conscience ; il l'affirmera avec enthousiasme par son vote universel, voyant alors et sachant positivement ce qu'il veut.

IV.

RÉPONSE AU *RÉVEIL*

— A M^r. A. MOREL —

—

18 Février 1869.

Monsieur,

L'on me communique le *Réveil* du 13 février, dans lequel il est question de la lettre que j'ai adressée dernièrement à M. Carnot sur les prochaines élections générales.

De l'ensemble de votre article, le lecteur peut conclure que j'ai proposé de faire désigner les candidats par la réunion de députés et de journalistes démocrates qui aurait formulé le programme général, tandis que cette désignation est naturellement dévolue, d'après mon projet, aux comités électoraux, ce qui est tout différent, et que vous auriez dû dire.

Il est vrai que ces comités auraient pour règle suprême le programme commun, que les candidats devraient aussi accepter.

Mais le *Réveil* lui-même, dans un article signé de M. Delescluze, propose pour le département de la Seine ce que je voudrais pour toute la France, identité de programme, adhésion préalable des candidats.

Quant à la question de savoir par qui, dans la situation extraordinaire où nous sommes, le programme doit être le plus convenablement rédigé, l'on peut différer sur ce point sans être en désaccord au fond. La chose principale, c'est que ce programme soit généralement accepté par le corps électoral, et il ne le sera que s'il répond bien aux aspirations du grand nombre.

Mais il ne faut pas seulement penser au département de la Seine, et si la Gauche laisse à d'autres qu'elle l'initiative à prendre, le comité central démocratiquement formé, qui, de l'avis de M. Delescluze, confectionnerait un programme pour Paris, devrait le proposer aux départements, qui ne demandent pas mieux que de marcher d'accord avec la capitale.

Je vous serai obligé, Monsieur, d'insérer cette lettre dans le *Réveil*, à titre d'explication.

Agréez mes salutations très-distinguées.

F. BONNAUD.

Lyon. — Imprimerie REY et SÉZANNE, rue St-Côme, 2.